NO MORE ME

AND OTHER POEMS

ALAIN BOSQUET

translated from French by
**Roger Little, James Laughlin, William Jay Smith,
Lawrence Durrell** and **Samuel Beckett**

edited by

ROGER LITTLE

DEDALUS

THE DEDALUS PRESS
24 The Heath
Cypress Downs
Dublin 6W
IRELAND

ISBN 1 873790 80 5

ACKNOWLEDGEMENTS

The editor wishes to acknowledge the close collaboration of Alain Bosquet, James Laughlin and William Jay Smith during the preparation of this volume.

©Alain Bosquet, Éditions Gallimard and The Dedalus Press, 1995.

The translations by Samuel Beckett were first published in *Selected Poems* by Alain Bosquet, New York: New Directions, 1963 and reprinted in Alain Bosquet, *No Matter, No Fact*, New York: New Directions, 1988. ©Samuel Beckett, 1972.
The translations by Lawrence Durrell were published alongside those of Samuel Beckett in Alain Bosquet, *Selected Poems*, Ohio University Press, 1973.
The following poems, translated by William Jay Smith, have appeared in *Poetry* (Chicago) ©Modern Poetry Association, 1995: "Everything is Ready", "Another Era", "An Old Gentleman" and "The Chain". "A Film" appeared in *The New Yorker*, and "Loose Leaves" and "An Ordinary Day" in *The American Poetry Review*.
James Laughlin's translation of "Nothing At All" appeared in *Agni* (Boston), n° 45, and that of "Loose Leaves" (along with his versions of "When I'm No Longer Around" and "An Ordinary Day", not retained here) in *The American Poetry Review*, Vol. 24, n° 4 (July-August 1995).

The Dedalus Press receives financial assistance from An Chomhairle Ealaíon, The Arts Council, Ireland.

Dedalus Press books are distributed and represented throughout the UK by Password Books, 23 New Mount Street, Manchester M4 4DE

Printed in Ireland by Colour Books Ltd. Dublin

CONTENTS

DEMAIN SANS MOI / NO MORE ME

translated by James Laughlin, Roger Little & William Jay Smith

NO MORE ME

from *Demain sans moi*, Paris : Gallimard, 1994

Foreword to *No More Me / Demain sans moi*, by Alain Bosquet

The author has published two thousand pages of poetry. At the age of seventy-five, his aesthetic concern imposes silence on him : otherwise he would run the risk of repeating himself, or becoming maudlin or flabby. Out of his decline he is making one last effort at creating something festive. Does his very honour not lie in playfully reinventing the life which is escaping him? Each poem belongs to tomorrow, without its poet.

MERCI

Je ne dis plus merci.
Je ne dis plus pardon.
Je charge mes poèmes
de vous porter
ma frayeur et mon doute,
ma certitude et ma tendresse.
Je ne dis plus oiseau.
Je ne dis plus tangage.
Je charge mes poèmes
de vous offrir
les neiges, les merveilles,
les chagrins, le printemps, le cœur lourd.
Je ne dis plus midi.
Je ne dis plus demain.
Je charge mes poèmes
de changer la colombe
en tulipe qui flambe.
Je ne dis plus la vie.
Je ne dis plus la mort.

THANKS

I won't say thanks.
I won't say sorry.
I'll tell my poems
to bring you
my fright and my doubt,
my certainty and my tenderness.
I won't say bird.
I won't say pitch or roll.
I'll tell my poems
to offer you
snow, marvels,
pain, spring, a heavy heart.
I won't say noon.
I won't say tomorrow.
I'll tell my poems
to turn the dove
into a flaming tulip.
I won't say life.
I won't say death.

WJS

L'HERBE

Dans la Forêt aux Six Couleuvres,
mes bras autour d'un chêne, j'ai hurlé :
"Je vais mourir."
L'azur m'a répondu : "Moi, je m'en moque."
Le ruisseau ne s'est pas arrêté
et le caillou m'a dit :
"Ce n'est pas mon affaire
car je suis mort sans m'émouvoir plus de cent fois."
La fourmi m'a nargué :
"Je ne veux rien comprendre."
Une herbe toutefois m'a paru plus aimable :
"Je te recouvrirai, si tu insistes."

GRASS

Out in the forest of the snakes,
with my arm around an oak
I howled : "I'm going to die."
The sky answered : "We couldn't care less."
The brook didn't stop running
and a pebble in the brook told me
"That has nothing to do with me :
I've been dead without being bothered
about it a hundred times."
An ant made fun of me :
"I can't be bothered with you."
But a clump of grass was more friendly :
"I'll cover you over if you ask me to."

JL

POÈTE MORT

Poète mort à l'échafaud.
Poète mort les yeux crevés.
Poète mort dans un duel.
Poète mort car il aimait ce monde.
Poète mort de critiquer ce monde.
Poète mort pour la patrie.
Poète mort pour la patrie des autres.
Poète mort d'amour.
Poète mort par le défaut d'amour.
Poète mort pour notre liberté.
Poète mort pour notre ivresse.
Poète mort pour dix mille raisons.
Poète mort sans aucune raison.
Poète mort comme un lilas c'est trop stupide.
Poète mort comme un bouvreuil : ne pleurez pas!
Poète mort : on l'a pendu.
Poète mort : on ne l'a pas compris.
Poète mort sous le poids de ses mots.
Poète mort de n'avoir pas trouvé ses mots.
Poète mort de se connaître.
Poète mort de s'être mal connu.
Poète mort pour faire place aux certitudes.
Poète mort d'embellir tous nos doutes.
Poète mort comme tombent les arbres.
Poète mort pour que l'indifférence
ne soit pas dérangée.
– Taisez-vous, taisez-vous :
ici, jamais aucun poète
n'est mort.

DEAD POET

Poet dead on the scaffold.
Poet dead his eyes gouged out.
Poet dead in a duel.
Poet dead because he loved this world.
Poet dead for criticising this world.
Poet dead for his country.
Poet dead for others' countries.
Poet dead for love.
Poet dead for lack of love.
Poet dead for our freedom.
Poet dead for our inebriation.
Poet dead for ten thousand reasons.
Poet dead for no reason at all.
Poet dead as lilac : it's too stupid.
Poet dead as a bullfinch : don't cry!
Poet dead : he's been hanged.
Poet dead : no-one understood him.
Poet dead beneath the weight of his words.
Poet dead for not finding his words.
Poet dead for knowing himself.
Poet dead for not knowing himself well.
Poet dead to give way to certainties.
Poet dead for embellishing all our doubts.
Poet dead as trees fall down.
Poet dead so that indifference
should not be disturbed.
– Hold your tongue, hold your tongue :
here, no poet ever
died.

RL

L'AVARIE

Je ne suis plus qu'une avarie :
l'eczéma, la tumeur de l'œil gauche,
la varice à la place du cou,
l'apoplexie au moment du baiser.
Je ne suis plus qu'un griffonnage :
la diphtongue réduite au silence,
le mot qui ne veut pas traduire
la tendresse des choses,
une bible interdite aux adultes.
Je ne suis plus que ce monsieur sénile
qui se consume
sans éprouver le besoin d'être.

A WRECK

I am nothing but a wreck :
an eczema, a tumour of the left eye,
varicose veins in place of a neck,
a stroke brought on by a kiss.
I am nothing but a scrawl :
a silenced vowel,
a word that refuses to tell
the sweetness of things,
a bible closed to adults.
I am nothing but a senile gentleman
who is worn out,
bereft of the need to exist.

WJS

TOUT EST PRÊT

Je crois que tout est prêt.
J'ai passé à la chaux
les murs de l'antichambre.
J'ai débranché le télèphone.
J'ai vidé la corbeille :
lettres d'amour, romans abandonnés,
factures...
J'ai appelé quesques voisins :
"Emportez, je vous prie,
le tourne-disque, les rasoirs,
les abat-jour."
J'ai jeté du balcon,
aux bambins qui passaient,
mes poèmes récents.
L'un d'eux m'a dit :
"Les mandarines, c'est meilleur."
Puis, j'ai fait mes adieux à la baignoire,
obèse, obscène.
La porte,
je ne l'ai pas fermée :
les chats aimeront la moquette.
Quant à la clef, je l'ai remise
au vieux clochard d'en face.
L'appartement est propre,
de même que mon âme.
Je vais mourir très loin de moi.

EVERYTHING IS READY

I believe everything is ready.
I have whitewashed the front hall.
I have disconnected the telephone.
I have emptied the basket
of love letters, unfinished novels,
bills...
I have called some of my neighbours :
"Will you please take
my record-player, my razors,
my lampshades?"
My recent poems I threw from the balcony
to kids passing in the street.
One of them commented :
"Tangerines taste better."
Then I said farewell to my bath-tub,
so obese, so obscene.
I have not locked the door :
the cats will love the carpet.
As for the key, I have left it
with the old bum across the street.
The apartment is clean,
like my soul.
I shall die quite far from myself.

WJS

CÉLÉBRITÉS

J'ai pris le train de Rome.
J'ai dit à Michel-Ange :
"Mon vieux, je ne reviendrai plus;
contente-toi des hordes japonaises."
J'ai pris le train de Bruges
et j'ai craché, l'un après l'autre,
sur les Memling :
"Je n'admire plus rien;
ce qui m'était si doux, se transforme en torture."
J'ai pris le ferry-boat pour Londres.
Sur la scène podagre, au premier acte
de Richard II, je me suis écrié :
"Suffit, William!
c'est en moi désormais qu'on joue la tragédie."
Je suis resté chez moi,
Mozart sur la cassette,
Corelli sur le disque :
"Allons, vous m'empêchez
d'entendre la musique du silence."
Puis j'ai brûlé
mes deux Matisse et les œuvres complètes
de Gogol, de Balzac, de Kafka.

CELEBRITIES

I took the train to Rome.
I said to Michelangelo :
"I won't be back, old man,
you'll have to make do with all those Japanese."
I took the train to Bruges
and spat
on all the Memlings, one after the other :
"I no longer admire anything;
all that once was sweet is now a torture."
I took the ferry to London.
On the crumbling stage, during the first act
of *Richard the Second*, I shouted :
"Stop it, William!
All tragedies now take place here inside me."
Then I stayed home
with Mozart on the tape-deck,
Corelli on the record-player.
"Stop," I cried, "you keep me
from hearing the music of silence."
Finally I burned
my two Matisses and the complete works
of Gogol, Balzac, and Kafka.

WJS

UN MORT HEUREUX

Je n'ai pas disparu
car il suffit de se pencher sur la rivière :
ce sont mes mots qu'elle chuchote
avec douceur, les nuits de pleine lune.
Je suis tout près :
regardez le platane,
qui prend mes vieilles attitudes,
celle de la rancœur et celle de l'espoir.
Et même le nuage me ressemble,
je vous assure,
avec cette manière de bouder,
puis soudain d'éclater de rire.
Je suis un mort heureux, n'en doutez pas :
j'habite votre pain,
votre doute léger,
le tremblement qui accompagne
vos journées trop remplies.
Je suis une fourmi, une virgule,
un verre d'eau pour vous servir.
Me ferez-vous l'honneur de me croire, à présent
que je suis décédé?

A HAPPY CORPSE

I haven't disappeared :
just lean over the river,
it's whispering my words
gently when the moon is full.
I am close by :
look at the plane-tree
adopting my old stances,
one of rancour, another of hope.
And even the cloud is like me,
I assure you,
with that way of sulking,
then suddenly bursting out laughing.
I am a happy corpse, make no bones about it :
I live in your bread,
your slightest doubt,
the trembling which accompanies
your excessively busy days.
I am an ant, a comma,
a glass of water at your service.
Will you do the honour of believing me now
I am dead?

RL

UNE AUTRE ÉPOQUE

Je refuse de vivre à mon époque
et me suis installé
à la cour de Laurent le Magnifique;
ce bond de plusieurs siècles m'a valu
d'être peint quatre fois par Filippo Lippi.
Lorsque les charmes florentins m'eurent lassé,
j'ai remonté le cours du temps
pour saluer les philosophes grecs.
Une saison durant je fus l'ami
le plus fidèle d'Héraclite :
je lui dois, je crois bien, l'amour des paraboles.
Plus tard j'ai visité Saint-Pétersbourg :
ni Gogol ni Pouchkine
n'ont voulu m'écouter;
ce n'est pas un vrai drame
car entre-temps les sages de la Chine
m'ont invité chez eux.
Non, je ne puis accomplir mon devoir :
être contemporain de moi.

ANOTHER ERA

I refused to live in my own time
and settled down instead
at the court of Lorenzo the Magnificent;
this leap over several centuries
enabled me to be painted four times by Filippo Lippi.
When I tired of the charms of Florence,
I moved farther back
and greeted the Greek philosophers.
For a while I became
Heraclitus's closest friend;
I owe him, I believe, my fondness for parables.
Later I visited St. Petersburg,
but neither Gogol nor Pushkin
was willing to listen to me.
That was no tragedy
for in the meantime
the wise men of China had invited me to visit them.
No, I cannot fulfill my duty
to become my own contemporary.

WJS

JE NE SUIS RIEN

Je ne suis rien : un peu d'orgueil
entre deux cendres.
Je ne suis rien : une virgule
dans un article de journal,
vers 1892,
pendant la guerre, on ne sait plus laquelle...
je ne suis rien :
une mouche sans ailes,
qui va, qui vient, sur la nappe salie.
Je ne suis rien :
à force de le répéter, en moi
comme un fleuve de sang
se révolte, s'embrase
et met à mal mes fausses plénitudes.

NOTHING AT ALL

I'm nothing : a morsel of pride
between two cinders.
I'm nothing : a comma
lost in a newspaper article of about 1892,
a piece about some war, I don't remember
which one...
I'm nothing :
a peach asleep in an armoire
that rots without complaint.
I'm nothing :
a fly stripped of its wings
which comes and goes on the dirty tablecloth.
I'm nothing :
yet through much repetition
something in me that is like a river of blood
rises rebelliously, catches fire,
and drowns my pretensions.

JL

SUR LES TRÉTEAUX

Je ne joue plus la comédie que devant moi.
Tantôt en mousquetaire,
tantôt en arlequin,
geste trop large ou voix cassée,
je me salue sur les tréteaux :
"Bonjour, Monsieur Nous-même,
je nous adore tous les deux;
aux provinces du Verbe,
nous avons partagé tous les bonheurs."
Je ne joue plus la tragédie que devant moi.
Tantôt Hamlet, tantôt Falstaff,
épaule rauque et doigts couverts de sang,
je me maudis sur les tréteaux :
"Eloignez-vous, Monsieur Nous-même;
l'un de nous deux devra périr,
ô pauvre double, ô cher épouvantail!"

ON THE BOARDS

My playing the fool is now reserved for myself.
Now as a musketeer,
and now as Harlequin,
with extravagant gesture and broken voice.
I salute myself on the boards :
"Greetings, Mr Ourself,
I adore us both;
in the realm of the Word,
we have shared every possible happiness."
My tragic play-acting is now reserved for myself.
Now Hamlet, now Falstaff,
with raucous shoulder and blood-stained fingers,
I curse myself on the boards :
"Farewell, Mr Ourself;
one of us two must die,
O wretched double, O belovèd scarecrow!"

RL

UN FILM

Maintenant que ma vie touche à son terme,
un réalisateur veut en tirer un film
de quelque cent minutes;
accepterais-je d'y tenir mon rôle :
il conviendrait d'accentuer les tics nerveux
et de souffrir de manière esthétique?
Je ne dois plus écrire mes poèmes
sur mes genoux, le dos courbé.
En revanche, le front se plisse
et la plume griffonne
un grand paraphe dans l'azur,
tandis que la narine se dilate
et que mille miroirs me font justice.
Mais je proteste :
pas de profil, pas de grimace avantageuse!
Quant à mes livres,
dont la fidélité me paraît contestable,
il vaudrait mieux qu'un autre poète les signe.

A FILM

Now that my life is coming to an end,
a director wants to turn it into a film
an hour and forty minutes long.
Would I agree to play myself,
exaggerating my nervous tics
and suffering in some aesthetic fashion?
I should no longer bend over to write
poems on my knees;
instead, my forehead must shine
and my pen scrawl
my name with a flourish in the sky,
while my nostrils widen
and a thousand mirrors do me justice.
I insist :
no profiles, please, no flattering grins.
As for my books,
whose fidelity I now find questionable,
they'd better be signed by some other poet.

WJS

LA LIBERTÉ DES MOTS

Je rends sa liberté à chacun de mes mots.
Après quelques vacances,
d'autres poètes
auront à cœur de prendre à leur service
les plus robustes
et les plus audacieux.
Logés, nourris, payés à la semaine,
ils feront un effort
pour se doter d'un autre sens
et d'un nouveau mystère.
Mes mots sont libres.
Je les salue car je les sais capables
d'affoler mille esprits, fussent-ils incrédules.
Je les ai bien dressés
et leur demande une seule faveur :
ne pas perdre leur temps
à regretter ce qu'ils furent chez moi,
des princes déguisés en domestiques.
Ferais-je mieux de mettre à mort
le moindre de mes mots?

FREEDOM FOR WORDS

I give every one of my words its liberty.
And after some rest
other poets, if they wish, may take possession
    of them for their own use,
including my strongest and most daring words.
Fed and lodged, paid by the week,
my words will try to assume new meanings
and take on a new mystery.
My words, like slaves, have been set free.
There has been manumission.
I applaud the new life for my words
because I know how they can distract,
and even madden so many minds,
incredulous as they may be.
I've arranged the gift words neatly
and make only one request of them :
that they don't waste time regretting
what they were when they were mine :
princes disguised as servants.
Would I do better to kill off
the least remarkable of my words?

JL

"Dites donc, un poète, à quoi ça sert?"
"Ça remplace les chiens par des licornes."
"Dites donc, ça n'a pas d'autres talents?"
"Il apporte le rêve
à ceux qui n'osent pas rêver."
"Vous trouvez ça utile, dites donc?"
"Quand il le veut, il persuade les comètes
de s'arrêter quelques moments chez vous."
"Il trouble l'ordre, dites donc, ce type-là."
"Pas plus qu'un vol de scarabées,
pas plus qu'un peu de neige sur l'épaule."
"Il est bon pour l'hospice, dites donc."
"Il le transformerait en palais de cristal,
avec mille musiques."
"Qu'on le conduise à la fosse commune,
dites donc, ce poète."
"Alors décembre se prolongera
jusqu'à la fin de juin."

A POET, COME ON

"Come on, a poet, what's he good for?
"He replaces dogs with unicorns."
"Come on, is that all he's good for?"
"He brings dreams
to those who are afraid to dream."
"You mean to say you find that useful?"
"When he wants to,
he invites comets to stop by for a moment."
"He's a real trouble-maker, that guy."
"No more than a swarm of beetles
or a bit of snow on one's shoulder."
"Let's send him off to an asylum, then."
"He would turn it into a crystal palace
echoing with music."
"Let's throw him into a pauper's grave,
this poet of yours."
"Then December will last
until the end of June."

WJS

LA MORT EST LONGUE

Un pétale de rose
qui valse, qui s'arrête.
Un scarabée heureux comme un silence.
Un silex qui recueille un soupir vagabond.
Une fontaine avec ses trois musiques.
Un fruit qui dort dans son parfum léger.
Un azur descendu sans raison sur les toits,
pour recevoir qui sait quelles caresses.
Une mémoire
transformée par la fable.
Un ruisseau retournant à sa source,
en signe de respect.
Un mot perdu qui se trouve une place
dans une langue hospitalière.
Et personne, personne pour me dire
que ma vie est trop courte,
que ma mort est trop longue.

MORS LONGA

A rose petal
waltzing, stops.
A beetle happy as silence.
A flint gathers a wandering sigh.
A fountain with three kinds of music,
A lightly-perfumed fruit asleep.
Azure for no reason down on the rooftops
to receive who knows what caresses.
A memory
transformed by fabulation.
A stream returning to its source
as a sign of respect.
A stray word which finds its place
in a hospitable language.
And nobody, none to tell me
that my life is too short,
that my death is too long.

RL

DEMAIN SANS MOI

Demain sans moi,
la République aura le même Président,
les mêmes électeurs,
égaux dans l'isoloir
comme chien et chacal.
Demain sans moi,
l'été commencera au mois de juin,
la lune sera grosse
comme le potiron
et le chiffre zéro roulera dans la neige.
Demais sans moi,
ma rue sera très sale,
mon village très laid
et mon fleuve lépreux
comme avant-hier, comme aujourd'hui.
Demain sans moi,
le Monument aux Morts
sera très fier de ses soldats,
tombés pour une cause qu'on oublie,
pour une cause qu'on renie.
Demain sans moi,
la prose sera molle
comme un oeuf sur le plat,
comme un serment d'amour sans amoureux,
et le poème
ne voudra plus rien dire.
Demain sans moi,
cet univers sera ce qu'il est avec moi.

NO MORE ME

No more me tomorrow,
but the Republic will have the same President
and the same voters,
as alike in the booths
as dogs and foxes.
No more me tomorrow,
but summer will begin in June,
the moon will be
plump as a pumpkin
and the figure nought will roll in the snow.
No more me tomorrow,
but my street will be filthy,
my village repulsive
and my river leprous
as they were yesterday, as they are today.
No more me tomorrow,
but the War Memorial
will be proud of its soldiers
fallen for a cause forgotten,
fallen for a cause forsaken.
No more me tomorrow,
but prose will be flabby,
like a soft-fried egg,
like a tryst of non-existent lovers,
and the poem
will be void of meaning.
No more me tomorrow,
but the world won't notice my absence.

RL

LE PULL-OVER

Nous échangeons des confidences,
mon pull-over?
Tu es né en Écosse,
et moi je suis né n'importe où.
Une ouvrière, un jour, t'a tricoté.
Et moi, personne
ne m'a fait de ses mains, de sa chair.
Tu es orange, avec un collier bleu.
Et moi, je n'ai d'autre couleur
que le blanc sale et le gris mal lavé.
Tu es d'humeur très calme,
et moi je souffre de partout :
la peau, l'esprit, l'âme sans fond.
Tu donnes chaud.
Je donne froid à ceux qui me connaissent.
Tu es utile.
Je suis gênant.
Tu me dis que tu as plusieurs trous.
Et moi je suis un trou : quoi d'autre?
Je t'enverrai aux orphelins d'Ethiopie.
Tu sers.
Moi je ne sers à rien.

THE SWEATER

Shall we confide in each other, my sweater?
You were born in Scotland;
I'm not sure where I was born.
A farmer's wife knitted you.
I don't think anyone made me
With her hands or from her flesh.
You're yellow, with a blue collar.
The only colour I am is the dirty white
And grey of something that's been badly washed.
You're very calm, but I hurt all over.
I suffer from itchy skin, a bad temperament,
And a soul with a hole in it.
You give warmth, I make everyone feel cold.
You're useful, I'm a pain in the neck.
You point out that you have several holes
    that need mending.
But I'm just one big hole, what else?
I'm going to send you to the orphans in Ethiopia.
You'll be good for them.
I've never been any use to anyone.

JL

PORTRAIT DE L'AUTEUR EN OKAPI

Supposez qu'on m'accorde une seconde vie,
en me laissant le choix.
Je pourrais devenir, sans déranger personne,
un okapi, cet animal très doux
qui tient de la girafe et du zèbre, à peu près.
Je brouterais des feuilles
sous un arbre, en Afrique,
et j'aurais peur des libellules.
J'irais jusqu'à l'étang
aux heures chaudes.
Je dormirais, je serais très heureux,
sans le devoir
de me pencher sur le sens du bonheur.
Que je vous dise :
je ne serais ni l'ennemi de l'homme
ni vraiment son ami.
Cette seconde vie n'aurait pas le défaut
de la raison, de la conscience.
Il suffirait de plaire aux autres okapis.

PORTRAIT OF THE AUTHOR AS AN OKAPI

Suppose I were granted a second life
and given the choice of what to be.
Without disturbing anyone, I might become
an okapi, that gentle animal,
something of a cross between a giraffe and a zebra.
I would browse on the leaves
under a tree, in Africa,
and be frightened by dragonflies.
I would go to the water-hole
in the heat of the day.
I would sleep quite happily
without the need
of worrying about the meaning of happiness.
Let me tell you :
I would not be man's enemy
nor his friend, for that matter.
This second life would not carry the burden
of reason or conscience.
I would simply have to please the other okapis.

WJS

PETIT DESTIN

Je reste indifférent à mon destin.
Je suis assis comme une bûche auprès du feu.
Je respire avec peine
et songe à ne pas trop songer.
Vous m'amputez d'un bras ?
Ce n'est pas grave : il était inutile.
Vous me privez de l'esprit et de l'âme ?
Tant mieux : ils n'avaient plus d'emploi.
Je lis dans le journal
que l'univers est bien portant :
ces erreurs, ces mensonges
me réconfortent.
La clinique refuse de m'admettre :
très bien, je dormirai sur le trottoir.
Les voisins me demandent,
une dernière fois, de polir quelques mots :
les uns sont authentiques
et les autres pipés.
Mon destin traîne
comme un bandage autour de mon thorax.

A RESTRICTED DESTINY

I'm quite indifferent to my fate.
I'm sitting like a log beside the fireplace,
hardly able to breathe.
I'm only thinking about not thinking.
You want to cut off one of my arms;
that won't matter; I hardly use my arms.
You want to take away my spirit and my soul?
So what? I don't need them.
I read in the paper that the universe
is getting along well.
You don't say; its mistakes and lies
are a comfort to me.
The hospital won't give me a bed;
very well, I'll sleep on the sidewalk.
The neighbours demand I explain certain words;
some are authentic, others are loaded dice.
My fate pulls like a bandage
around my chest.

JL

LE POÈTE TRANQUILLE

La foudre abat les arbres.
Moi j'écris mon poème.
Le fleuve inonde la province.
Moi j'écris mon poème.
Le vieillard dort à la vilaine étoile.
Moi j'écris mon poème.
La lèpre attend les amoureux.
Moi j'écris mon poème.
Le lait manque aux enfants.
Moi j'écris mon poème.
Un peuple tue un autre peuple.
Moi j'écris mon poème.
Le siècle sombre dans le doute.
Moi j'écris mon poème.
La mort frappe à ma porte, avec des cris.
Moi j'écris mon poème.

A TRANQUIL POET

Lightning strikes the trees.
I write my poem.
The river floods the countryside.
I write my poem.
The old man sleeps under an ugly star.
I write my poem.
Leprosy awaits the lovers.
I write my poem.
Children are short of milk.
I write my poem.
One nation destroys another.
I write my poem.
The century sinks under the burden of doubt.
I write my poem.
Death shouts, pounding at my door.
I write my poem.

WJS

EN FRANÇAIS TRÈS SIMPLE

Pourquoi ne puis-je être à la fois mort et vivant?
Est-ce contraire aux mœurs?
Je garderais le même domicile :
lumière maigre,
maîtresse qui m'adore comme on tousse,
âme donnant sur les ordures,
logique sans défaut : un vrai compteur à gaz.
J'habiterais aussi
sous quelques fleurs,
où je serais l'une d'entre elles.
On me verrait à l'aube,
pas loin de l'horizon,
là-bas où tout est fable,
extase et pureté.
J'écrivais un français très simple,
mais aussi un langage
qui n'est pas fait pour ceux qui veulent tout comprendre.
Je suis naïf? Je transgresse les lois?
Puisqu'il me faut choisir,
je serai donc défunt.

IN VERY SIMPLE FRENCH

Why can't I be dead and alive at the same time?
Is that too unconventional?
I'll live in the house I always lived in,
with a dim light and a woman who adores me
like a persistent cough.
My soul looks out on the garbage pile,
perfectly logical, a real gas meter.
And I'd be living among flowers,
where I'd like to be one among them.
At dawn you could see me on the horizon
out there where everything is fictional
in its ecstasy and purity.
I was writing in very simple French,
but in a way not meant for those
who want to understand everything.
Am I naive? Am I breaking any law?
Since I have to choose,
I'll choose to be dead.

JL

VOUS ÊTES MOI

Suis-je moi, suis-je vous?
Un être est-il composé de mille êtres?
Je me divise
afin de me multiplier.
Je suis la foule :
trop de bras, trop de jambes,
trop de crânes qui s'ouvrent
je ne sais sur combien d'insectes noirs.
Je suis aussi la solitude,
jusqu'à me fondre dans la nuit.
Je suis l'absence et le néant,
que la perversité m'oblige
à recouvrir de mots.
L'identité me pèse
et c'est pourquoi je prends la vôtre.
Qui êtes-vous?
Epargnez-vous la peine de mentir :
vous êtes moi,
puisque j'ai décidé de n'être plus personne.

YOU ARE ME

Am I myself? Am I you?
Can one being be made up of a thousand beings?
I divide myself
in order to mutliply myself.
I'm a crowd :
too many arms, too many legs;
too many skulls split open
on I don't know how many black beetles.
But I'm also solitude itself,
melting into the night.
I'm absence and I'm nothingness
which perversity forces me
to cover up with words.
My identity weighs me down,
that's why I try to steal yours.
Who are you anyway?
You can spare yourself the trouble of lying.
You are me,
since I've decided no longer to be anyone.

JL

LA FOI

Moi je n'ai pas de foi puisque je suis poète.
Moi je n'ai pas de foi puisque je la transforme.
Moi je n'ai pas de foi puisque j'invente un dieu,
soir et matin, toute l'année.
Moi je n'ai pas de foi, ne sachant qui je suis :
le traître, le passant, le vieux fantôme?
Moi je n'ai pas de foi; je me consume
tour à tour dans la rage et dans l'amour,
comme fait l'océan, quand il s'en va,
quand il revient, quand il refuse de dormir.
Moi je n'ai pas de foi puisque je suis le prêtre
qui ne sait plus pourquoi il parle,
pourquoi il doute,
pourquoi il ment,
alors que son mensonge est déjà sa lumière.

FAITH

I have no faith because I am a poet.
I have no faith because I transform it.
I have no faith because I invent a god
morning and evening, the whole year round.
I have no faith, not knowing who I am :
traitor, passer-by, ancient ghost?
I have no faith : I am consumed
in turns by rage and love,
as the ocean is when it recedes,
when it returns, when it refuses to sleep.
I have no faith because I am the priest
who knows no longer why he speaks,
why he doubts,
why he lies,
whereas his lie is half way to his light.

RL

OBSÈQUES

Marbre blanc? Pierre noire?
Foutaise.
Nom, prénom, qualité?
Naissance, mort, quelle épitaphe?
Foutaise.
Cendres dans l'urne,
statue baroque?
Foutaise.
Cravate sombre?
Discours public, poignée de mains qui tremblent?
Foutaise.
Amis très silencieux, veuve tordue,
poèmes lus par une actrice,
azur voilé?
Foutaise.
Sur mes restes épars,
je veux qu'en toute liberté
des enfants s'entre-tuent.

FUNERAL

White marble? Black basalt?
Tommy-rot.
Surname, Christian name, occupation?
Tommy-rot.
Birth, death, epitaph?
Tommy-rot.
Ashes in an urn,
a baroque statue?
Tommy-rot.
A dark tie?
Public speeches, trembling handshakes?
Tommy-rot.
Silent friends, broken widow,
poems read by an actress,
skies clouded over?
Tommy-rot.
Over my scattered remains,
I want children to feel free
to go on killing one another.

WJS

UN VIEUX MONSIEUR

Je suis un vieux monsieur dans sa baignoire,
qui se dit que le monde
peu à peu lui échappe.
Il se savonne, il se pince les chairs,
il ne sait pas s'il pleut dehors
ou si l'azur entre par la fenêtre
pour bavarder quelques instants.
Il se demande à quoi sert son épaule.
Il déraisonne goutte à goutte,
avec la certitude que son âme
va perdre son emploi.
L'eau le caresse.
Le siècle encore est parfumé.
Je suis un vieux monsieur
qui cherche ses lunettes,
oublie son existence au fond de son miroir,
un essuie-mains autour du cou.

AN OLD GENTLEMAN

I am an old gentleman who, in his bath,
knows that the world
is gradually slipping away from him.
He washes, pinches himself,
not caring if it's raining outside
or if the sky comes in through the window
to converse briefly with him.
He wonders what his shoulder is for.
He loses his mind, bit by bit,
certain that his soul
will soon no longer function.
Water strokes him.
The century still has a sweet smell.
I am an old gentleman,
a towel around his neck,
who, looking for his glasses,
has lost his life deep within the mirror.

WJS

DERNIÈRES OFFRANDES

Je puis encore vois donner
– pendant combien de jours, combien de mois? –
la suave douceur des choses disparues.
Je puis encore vous traduire
– jusqu'à ce soir, jusqu'à jeudi prochain? –
les quelques mots qui mènent à l'extase.
Je puis encore vous prêter
– c'est la dernière fois, me semble-t-il –
une délicatesse,
une tiédeur pareille à quelque soie.
Je puis encore vous séduire
– ce n'est plus moi : c'est quelqu'un d'autre –
par le fruit délicieux du mépris
et le profil ébreché du néant.
Je puis encore vous terroriser.

FINAL OFFERINGS

I can still give you
– for how many more days, how many more months? –
the sweet pleasantness of vanished things.
I can still translate for you
– until tonight, until next Thursday? –
those few words that can enrapture you.
I can still lend you
– for the last time, I believe –
a certain refinement,
a warmth like that of silk.
I can still fascinate you
– although someone else may now have taken my place –
with the delightful fruit of disdain
and the broken profile of emptiness.
I can still terrorize you.

WJS

PORTRAIT IMPROBABLE

Mon œil de bistouri,
mon front ridé en gare de triage,
mon épaule où s'abattent les cyclones,
mes lèvres pour seins lourds et tailles minces,
ma vieille voix qui se casse et se brûle,
mon menton façonné par le mépris,
mes mains qui planent
— oiseaux de paradis, simple volaille? —
mon corps qui voudrait être pur esprit,
mon esprit trop déçu pour se trouver un corps,
mon genou qui trébuche
car il perd l'équilibre à soumettre le monde,
mon rire qui annonce le squelette,
mon cœur qui s'use à refuser l'amour :
— quel étranger, quel inconnu
composent-ils,
à mi-chemin de l'être et du non-être?

IMPROBABLE PORTRAIT

My scalpel eye,
my forehead furrowed like a marshalling-yard,
my shoulder struck by cyclones,
my lips for heavy breasts and tiny waists,
my old voice, bent and burnt,
my chin distorted by scorn,
my hands which glide
– birds of paradise or simple fowl? –
my body hopeful of becoming pure mind,
my mind too disappointed to find a body,
my knee which trips
losing its balance in trying to master the world,
my laugh which announces my skeleton,
my heart which is worn out refusing love :
– what stranger, what unknown man
do they compose,
half-way between being and non-being?

RL

PAGES VOLANTES

La poussière jamais ne couvrira ces pages.
Que je sois vif ou mort,
un vent viendra les agiter
et, s'il le faut, elles s'envoleront
par-dessus la montagne,
pour se poser chez quelque peuple migrateur.
Un prince, un voleur de chevaux
les cueilleront comme des nénuphars,
puis un prophète ordonnera qu'on les traduise.
Elles prendront un sens nouveau,
et les enfants parmi les pierres pâliront
de les comprendre,
ou de les déformer pour qu'elles rajeunissent,
plus blanches,
plus pures
et plus impitoyables.

LOOSE LEAVES

Dust will never cover these pages.
Whether I am dead or alive,
a wind will stir them;
and, if need be, they will fly
over the mountain
and settle on some migrating tribe.
A prince or a horse thief
will pluck them like water lilies;
then a prophet will have them translated.
They will take on a new meaning
and children among the stones will blush
to absorb them,
or else to modify them so they may become younger,
whiter,
purer,
more ruthless.

WJS

JOUR ORDINAIRE

Je suis un monsieur grisonnant
qui, le matin, se débarasse de ses rêves
où courent les reptiles
mangeurs de feu.
Il salue son épouse, l'air de dire :
"Je ne me souviens plus de nos caresses."
Il se pèse, il se rase,
il se boxe les poches sous les yeux.
Il boit son thé très nu :
sa paresse a raison de son rire sceptique.
Il jette son courrier à la poubelle.
Il téléphone par hasard,
et ne sait pas à qui :
"Excusez-moi, Madame :
j'apprends de bonne source
que vous mourrez demain."
Il époussette un meuble.
Sans être vu, il crache
sur ses poèmes.
S'il possédait un canari,
il lui arracherait les plumes.

AN ORDINARY DAY

I am a gentleman turning gray,
who, in the morning, gets rid of his dreams
that were swarming
with fire-eating reptiles.
He greets his spouse as if to say :
"I have no memory of our love-making."
He weighs himself, shaves,
punches the bags under his eyes.
He drinks his naked tea;
his laziness wipes off his sceptical smile.
He throws his mail in the trash can.
He telephones at random,
not knowing to whom :
"Pardon me, Madam,
I've heard on good authority
that you will die tomorrow."
He dusts off the furniture.
Unseen, he spits
on his poems.
If he had a canary,
he would tear off its feathers.

WJS

LE MOT FATAL

Une première fois, il écrit le mot "mort" :
il est terrorisé.
Une deuxième fois, il écrit le mot "mort" :
il tremble, il tremble un peu.
Une troisième fois, il écrit le mot "mort" :
il se maîtrise.
Une dixième fois, il écrit le mot "mort" :
il se raisonne, il est serein.
Une vingtième fois, il écrit le mot "mort" :
c'est un mot très aimable.
Une centième fois, il écrit le mot "mort" ,
comme il écrit "sommeil", comme il écrit "cheval",
comme il écrit "océan" ou "musique".
Une millième fois, il écrit le mot "mort",
pour empêcher la mort, croit-il,
de le surprendre.

THE FATAL WORD

The first time he writes the word "death",
he feels terrorized.
The second time he writes the word "death",
he shivers, he shivers a little.
The third time he writes the word "death",
he gains control of himself.
The tenth time he writes the word "death",
he ponders, he is serene.
The twentieth time he writes the word "death",
he finds it a friendly word.
The hundredth time he writes the word "death",
he writes it as he would write "sleep", as he would write "horse'
as he would write "ocean" or "music".
The thousandth time he writes the word "death",
he writes it to prevent death, he hopes,
from taking him by surprise.

WJS

AVERTISSEMENT

Qui abattra le cèdre,
sera pendu au cèdre.
Qui plumera le cygne,
nourrira le vautour.
Qui boira l'eau,
finira sous la mer.
Qui nommera l'azur,
le ciel l'écrasera.
Qui dira un seul mot,
sera changé en mot.
Prenez garde à la pierre,
à la tulipe, à la musique :
elles vous ont exclus.

WARNING

He who fells the cedar
will be hanged on the cedar.
He who plucks the swan
will feed the vulture.
He who drinks the water
will end beneath the sea.
He who names the heavens
will be crushed by the sky.
He who says a single word
will be changed into a word.
Beware of the stone,
of the tulip, of music :
they are forbidden you.

RL

UN COLLOQUE

pour Andreï Voznessenski

C'était en Mil Huit Cent Vingt-Trois.
Alexandrie se prélassait parmi les palmes.
Je travaillais pour le Khédive,
à déchiffrer les papyrus ou à rêver
d'une Bibliothèque en marbre rose,
construite sur le Nil.
J'ai mis six mois
pour convoquer quelques poètes en renom.
Monsieur Goethe est venu présider le colloque.
Il disait que la Grèce
était sa seule concubine.
Lamartine pleurait le sort de Bonaparte.
Nous observions
une minute de silence à la mémoire
de Novalis.
Lord Byron désignait un enfant
qui jouait dans la rue, nerveux, boudeur :
"Le petit Edgar Poe sera aussi poète."
Pouchkine se plaignait du Tzar;
bientôt il quitterait Saint-Pétersbourg.
Victor Hugo prenait un air de philosophe :
"Les romantiques, d'où qu'ils viennent,
ont le même défaut : ils parlent trop du cœur."
J'étais heuruex.
Le vin de Chypre avait un goût de femme rousse.
William Blake était ivre.

A CONFERENCE

for Andrei Voznessenski

It was in eighteen twenty-three.
Alexandria was lounging among the palm-trees.
I was working for the Khedive
deciphering papyruses or dreaming
of a Library in pink marble
built on the Nile.
I spent six months
asking some famous poets to foregather.
Mr Goethe came to chair the conference.
He said that Greece
was his only concubine.
Lamartine wept at Napoleon's fate.
We observed
a minute's silence in memory
of Novalis.
Lord Byron pointed out a child
playing in the street, nervous and sulky :
"Young Edgar Poe will also be a poet."
Pushkin complained about the Tsar;
he would soon leave St. Petersburg.
Victor Hugo assumed a philosophical air :
"Romantics, wherever they come from,
have the same fault : they talk of the heart too much."
I was happy.
The Cyprus wine tasted of an auburn-haired woman.
William Blake was drunk.

RL

69

LA CHAÎNE

Je ne peux dire qui commence mes poèmes :
est-ce le vent,
est-ce une sorte de musique,
une mémoire
sans corps ni forme?
Je sais que je les continue
avec joie, avec peine :
je leur apporte une syllabe,
je leur enlève un verbe trop pesant,
je les voudrais pleins de mystère.
Je suis à leur service,
tant qu'ils me le permettent.
Ils ont le droit, bien sûr,
quand ils sont dans leur gloire,
de murmurer "merci", afin que je m'efface.
Je ne peux dire qui termine mes poèmes :
un autre vent,
une musique,
un souvenir sans forme ni personne,
un poète nouveau que je ne connais pas.

THE CHAIN

I can't tell how my poems begin :
with the wind,
or a sort of music,
a memory
without body or shape?
I know that I continue them,
with joy, with pain :
I add a syllable,
I delete a verb that is too heavy,
I want them to be full of mystery.
I am at their service,
as long as they allow me to be.
They have the right, of course,
in their glory,
to whisper "Thanks", and send me off.
I can't tell how my poems end :
with new wind,
new music,
a memory without shape or body,
a new poet I have never met.

WJS

LES COLLABORATEURS

Je ne suis pas le seul auteur de ce poème.
Je remercie le sel de mes poumons,
le sucre de mon sang,
la chimie, le hasard et la fatalité.
Je remercie l'azur qui m'a ému,
le mimosa que j'ai pu mettre en mots
et le vautour qui ne m'a pas terrorisé.
Je remercie le fleuve
qui m'a donné quelque tenue,
et la montagne à qui je dois la dignité.
Je remercie ma femme,
grâce à qui la raison, la prose,
le mardi glauque et le dimanche en plomb
m'ont paru supportables.
Je remercie la République
où j'étais le censeur,
le pitre et quelquefois l'iconoclaste.
Je remercie ceux qui m'ont lu
jusqu'au malaise,
jusqu'à la trahison.
Je remercie ceux qui, refusant de me lire,
m'ont assuré
la solitude et le recueillement.
Je remercie mes collaborateurs :
l'œdème, la sclérose et le cancer,
d'avoir mis fin à ce poème.

THE COLLABORATORS

I am not the only author of this poem.
I thank the salt in my lungs,
my blood-sugar,
I thank chemistry, chance, fate.
I thank the sky that moved me,
the mimosa that I put into words,
the vulture that did not frighten me.
I thank the river
that taught me how to stand
and the mountain to which I owe my dignity.
I thank my wife,
who made logic, prose,
gloomy Tuesdays, and leaden Sundays
tolerable.
I thank the Republic
in which I acted as censor,
clown, and sometimes saboteur.
I thank all those who read me
until they felt nauseated,
until they felt betrayed.
I thank all those who, refusing to read me,
brought me solitude and meditation.
I thank my collaborators,
oedema, sclerosis, and cancer,
for having ended this poem.

WJS

73

DIALOGUE AMOUREUX

Je dis: "Votre prénom?"
Et elle :
"Selon vos goûts."
Je dis : "Choisissons-nous Carole?"
Et elle :
"J'accepte, pour l'instant."
Je dis : "Vous êtes seule?"
Et elle :
"Mais avec vous."
Je dis : "On peut s'aimer?"
Et elle :
"Votre désir a tous les droits."
Je dis : "Vos hommes, qui sont-ils?"
Et elle :
"Croupiers, industriels, maîtres nageurs."
Je dis : "Vos préférences?"
Et elle :
"Ceux qui sont tristes mais pas trop."
Je dis : "On mange?"
Et elle :
"Les huîtres sont un bon prélude."
Je dis : "Quelquefois vous lisez?"
Et elle :
"Sartre, Camus et Thomas Mann."
Je dis : "Vous avez de beaux seins."
Et elle :
"Moi aussi, je les aime."
Je dis : "Vous êtes à peu près divine."
Et elle :
"Vous avez bien raison."

THE LOVERS

I said : "Your Christian name?"
She said : "Whatever you like."
I said : "Carole, for instance."
She said : "All right, for the time being."
I said : "You are alone?"
She said : "But with you."
I said : "Shall we make love?"
She said : "Your desire has every right to be fulfilled."
I said : "Who are the men you see?"
She said : "Croupiers, industrialists, swimming instructors."
I said : "Your preferences?"
She said : "Those who are sad, but not too sad."
I said : "Shall we eat?"
She said : "Oysters are good for starters."
I said : "You read occasionally?"
She said : "Yes, Sartre, Camus, Thomas Mann."
I said : "You have nice breasts."
She said : "I like them too."
I said : "You are almost divine."
She said : "How right you are."

Je dis : "Votre cadeau . . . "
Et elle :
"Peut-être est-ce gratuit."
Nous nous sommes aimés
lundi, mardi, dimanche
et le lundi suivant.
Nous avons discuté de Flaubert,
puis de Tolstoï.
Je dis :
"Vous avez des genoux inoubliables."
Et elle :
"Seulement les genoux?"
Nous nous sommes lassés l'un de l'autre,
le même jour, à la même heure,
ce qui est rare et vertueux.

I said : "My gift to you . . ."
She said : "I don't always have to be paid."
We made love
on Monday, Tuesday, Sunday
and on the following Monday.
We discussed Flaubert,
then Tolstoy.
I said : "You have unforgettable knees."
She said : "Only knees?"
We grew tired of each other
on the same day, at the same time,
which is rare and commendable.

WJS

DU ROMAN AU POÈME

Ainsi s'achève le roman.
Comme il se doit, le personnage
meurt au dernier chapitre.
On peut le regretter;
on peut aussi parler de délivrance.
Quelques lecteurs ajoutent,
soit des virgules,
soit des soupirs.
L'intrigue était très raisonnable,
et les coups de théâtre mesurés.
Le livre se referme
sur le héros, sur la raison.
On peut songer à d'autres aventures.
On peut tout oublier.
Ainsi commence le poème.

FROM NOVEL TO POEM

So ends the novel.
As it should, with the character
dying in the last chapter.
You might regret it;
you might also speak of deliverance.
Some readers add
either commas
or sighs.
The plot was entirely reasonable,
and the surprises moderate.
The book is closed
on the hero, on reason.
You can think up new adventures.
You can forget everything.
So begins the poem.

RL

L'ATTENTE

On a repeint les deux étages.
Les clématites vont d'un mur à l'autre.
Une fenêtre donne
tantôt sur la vallée,
tantôt sur l'océan.
En souvenir des chats,
le vieux fauteuil se met à ronronner.
Pourtant, personne encore
n'est revenu.
On a bordé le lit,
qui sent la rose et la caresse.
Il interroge le plafond,
puis se plaint au miroir :
il ne supporte pas la solitude.
Pourtant, personne
ne dit qu'il a sommeil.
On a mis, comme il faut, la table :
poulet froid, vin qui chante,
fruits venus de très loin.
Le cristal est plus pur
que la neige, à l'époque des fontes.
Les invités parleraient de l'espoir.
Pourtant, personne encore
ne veut prendre un repas.
On a ouvert les livres
sur leurs plus belles pages,
avec les mots tout nus
et les proverbes vierges.
Le grand héros a salué,
plusieurs fois, à la ronde.
L'héroïne a prédit
vingt années de bonheur.
Pourtant, personne encore
ne veut apprendre à lire.

WAITING

Both floors of the house have been repainted.
The clematis moves from one wall to the other.
A window opens,
sometimes on the valley,
sometimes on the ocean.
Remembering the cats,
the old armchair starts purring.
But no one
has yet returned.
The bed is made,
smelling of roses and caresses.
It talks to the ceiling
and complains to the mirror,
its loneliness is unbearable.
But no one
has yet admitted to being sleepy.
The table is properly set :
cold chicken, wine bubbling with song,
fruit from far off.
The crystal is purer than snow
that is about to melt.
The guests would speak of hope.
But no one
yet wants to sit down to a meal.
Books have been opened
to their most beautiful pages,
with pure words
and chaste proverbs.
The great hero has made the rounds
several times to greet everyone.
The heroine has predicted
twenty years of bliss.
But no one yet
wants to learn how to read.

WJS

APOSTROPHE

Et la vie intérieure de la mouche,
y songes-tu, y songes-tu?
Et la souffrance du silex,
la connais-tu, la connais-tu?
Et le remords de la cascade,
t'émeut-il, t'émeut-il?
Et les rêves sanglants de la rosée,
qu'en penses-tu, qu'en penses-tu?
Et les serments du fleuve,
les tiendras-tu, les tiendras-tu?
Et le doute, là-haut, de la colline,
que tu confonds avec la neige,
voudras-tu le combattre, voudras-tu?
Et l'azur qui prépare son suicide,
l'aideras-tu, l'aideras-tu?
Ton malheur est si pauvre
auprès de leurs malheurs!

REPRIMAND

And the intimate life of the fly,
you have thought about it, have you?
And the suffering of the flint,
you know it, do you?
And the waterfall's remorse,
it moves you, does it?
And the dew's bloody dreams,
what do you think of them, what?
And the river's sworn promises,
you will keep them, will you?
And that doubt, there on the hill,
that you mistake for snow,
you will struggle against it, will you?
And the sky preparing for suicide,
you will help it, will you?
Your misfortune is so mild
alongside theirs.

WJS

UNE ÉVENTUALITÉ

Je parlerais d'une ombre pure.
Je parlerais d'une oasis légère.
Je parlerais d'une indulgence
à l'égard des vautours.
Je parlerais d'un long festin
pour les enfants déshérités.
Je parlerais des demi-lunes
aux désirs fous.
Je parlerais d'un très jeune visage
qui cherche son profil.
Je parlerais de ces miroirs
où l'on se baigne, où l'on s'étreint.
Je parlerais de ces poèmes
qui peu à peu deviennent des pivoines.
Je parlerais,
mais je n'ai plus le droit à la parole.

A POSSIBILITY

I would speak of an immaculate shadow.
I would speak of a delicate oasis.
I would speak of leniency
with respect to vultures.
I would speak of a great feast
for starving children.
I would speak of half moons
with wild desires.
I would speak of a young face
seeking its profile.
I would speak of dawn
and its visible wounds.
I would speak of mirrors
in which you can bathe and embrace.
I would speak of these poems
slowly changing into peonies.
I would speak,
but I have lost the right to speak.

WJS

SELF-DRIVE POEMS

translated by Roger Little

from *Poèmes sans chauffeur* in *Bourreaux et acrobates*,
Paris : Gallimard, 1989

Tes poèmes en poche,
tu prends le train pour une ville de province.
Tu vas de cimetière en cimetière
et tu déposes
sur chaque tombe
tes chants très purs et malicieux.
Tu ne sais pas si les morts les liront,
mais tu es sûr que dans la nuit
les dieux et les déesses
en prendront connaissance.

With your poems in your pocket,
you take the train for a country town.
You go from cemetery to cemetery
and place
on each tomb
your pure and impish songs.
You don't know if the dead will read them
but you're sure that in the night
the gods and goddesses
will come to hear of them.

– Toi, tu fais quoi pour vivre?
– Je traduis la rosée,
je corrige un oiseau,
je mets en phrases
un peu de neige,
je démontre à la fleur
qu'elle doit être une autre fleur.
– Et pour mourir, que feras-tu?
– Demandez-le à la rosée,
à l'oiseau, à la neige,
à la fleur mon amie :
ils ont mille projets pour moi.

"What do you do for a living?"
"I interpret the dew,
I adjust a bird,
I put into words
a flurry of snow,
I explain to the flower
that it should be a different flower."
"And for dying, what will you do?"
"You must ask that of the dew,
of the bird, the snow,
of my friend the flower :
they've a thousand plans for me."

Le poète prétend
que le platane est en réalité
un grand oiseau.
Le philosophe dit :
"Le platane a des lois
que l'homme ne saurait comprendre."
Le prêtre dit :
"Un dieu habite le platane."
Et le platane, tous les ans, grandit, grandit,
sur les cadavres du poète,
du philosophe et du prédicateur.

The poet claims
that the plane-tree is actually
a large bird.
The philosopher says :
"The plane-tree has its laws
that man cannot comprehend."
The priest says :
"There's a god dwelling in the plane-tree."
And the plane-tree, each year, grows and grows,
on the corpses of the poet,
the philosopher and the preacher.

Mens, mens,
mais dis-moi que tu m'aimes.
Mens, mens,
mais dis-moi que les arbres vont chanter.
Mens, mens,
mais dis-moi que l'étoile
viendra boire en mes doigts.
Mens, mens,
mais dis-moi que j'aurai plus de trois vies.
Mens, mens,
mens jusqu'à me convaincre
que le mensonge est vérité.

Lie, lie,
but tell me that you love me.
Lie, lie,
but tell me that the trees are going to sing.
Lie, lie,
but tell me that the star
will come and drink from my hand.
Lie, lie,
but tell me that I have more than three lives.
Lie, lie,
lie until you convince me
that lies are truth.

Le premier mot de ton poème se rebiffe :
"Moi, je n'ai pas besoin de toi :
je suis adulte et peux me rédiger moi-même."
Tu improvises d'autres fleuves
sous ta fenêtre : l'Orénoque,
l'Indus, quelque Zambèze.
La poésie, la pleurésie.
La prose et son arthrose.
Être t'accable, imaginer te mine.
Ton âme a son gilet;
ta pensée, sa chaussure en peau d'autruche.

The first word of your poem bridles :
"As for me, I don't need you,
I'm an adult and can look after writing myself."
You improvize other rivers
beneath your window : the Orinoco,
the Indus, some Zambezi or other.
Poesy, pleurisy.
Arthritic the critic.
Being overwhelms you, imagining saps you.
Your soul sports a waistcoat;
your thought its ostrich-skin shoe.

À l'origine était quelque discours,
mais connaît-on la langue :
sanscrit, hébreu, latin, français?
À l'origine était quelque dispute
entre l'argile et le chaos,
l'insecte mou, la plante carnassière.
À l'origine on avait déjà peur
de faire un choix entre tant d'origines.
Philosophie des jours qui bâillent,
au lieu de se lever.
Tu frappes sur un clou,
tu reprises la nappe,
tu cires tes chaussures.

In the beginning there was speech,
but do we know what language it was in :
Sanskrit, Hebrew, Latin, French?
In the beginning was some dispute
between clay and chaos,
a soft creature and an insect-eating plant.
In the beginning they were already afraid
to choose between so many beginnings.
Philosophy of days that yawn
instead of getting up.
You hammer at a nail,
you mend the tablecloth,
you polish your shoes.

Tu vois, mais c'est quoi : voir?
Tu touches;
c'est quoi : toucher?
Tu entends sans entendre.
Tu crées le mot
pour te mentir avec des songes.
Tout est futur, tout est permis.
le monde est tel que tu le réinventes.
Pourtant, tu te voudrais modeste :
qu'en pensent le tiroir,
la porte refermée, le chapeau rond, la table
et le chat qui a faim?

You can see, but what does seeing mean?
You can touch :
what does touching mean?
You can hear without hearing.
You create words
for lying with dreams.
Everything is future, everything is permitted.
The world is the way you reinvent it.
Yet you wish to be modest :
what do they think of that, the drawer,
the closed door, the round hat, the table
and the hungry cat?

Les équateurs étaient au nombre de vingt-cinq.
À minuit, le soleil riait encore.
Quelques femmes s'ouvraient sous les caresses;
d'autres se refermaient comme des fleurs frileuses.
Tant de musiques se sauvaient à travers champs!
Pour une phrase bien tournée,
les villes s'effaçaient devant des villes neuves.
L'arbre donnait de bons conseils
et les chevaux
garantissaient le plus pur des vertiges.
Tu n'avais pas trente ans.
Tu naissais tous les jours,
sur la pelouse, au milieu des rosées.

The equators were twenty-five in number.
At midnight, the sun was still smiling.
Some women opened to caresses;
others closed like frigid flowers.
So much music scampered across the fields!
For some well-turned sentence,
cities slunk behind new cities.
The tree gave good advice
and the horses
guaranteed the purest of vertigos.
You were not yet thirty.
You were born afresh every day,
on the lawn, among the dewdrops.

Avoir deux crânes;
l'une pense,
l'autre refuse de penser.
Avoir deux cœurs :
celui qui aime,
celui qui s'interdit l'amour.
Avoir deux ombres :
l'une te suit,
l'autre t'efface.
Avoir un seul poumon :
toute ta vie à respirer!
Avoir un œil unique :
voir et revoir ce qu'on craint d'avoir vu!
Avoir une âme :
l'autre âme était trop lourde.

Having two skulls,
one thinks,
the other refuses to think.
Having two hearts :
one loves,
the other forbids itself love.
Having two shadows :
one follows you,
the other makes you disappear.
Having just one lung :
and all your life to breathe through it!
Having a single eye,
seeing again and again what you fear you saw!
Having one soul :
the other was too heavy.

Écris-tu un roman?
Il n'aura pas d'intrigue,
il n'aura pas de personnage.
Écris-tu un poème?
Il ne sera compris
ni de toi ni des autres.
Écris-tu un traité, triste penseur?
Il te dira qu'il convient d'abdiquer
en faveur du bourgeon, de l'azur, du caillou.
Écris, écris,
sans syllabes, sans mots.

Are you writing a novel?
It won't have a plot,
it won't have any characters.
Are you writing a poem?
It won't be understood
by you or anybody else.
Are you writing a treatise, sad philosopher?
It will tell you that you should abdicate
in favour of a bud, the sky, a stone.
Write, write,
without syllables, without words.

– Prénom?
– Le vôtre.
– Nom de famille?
– Néant, trop-plein : comme on voudra.
– Ton père?
– Un platane, un sapin, un grand oiseau.
– Ta mère?
– Un lieu très sûr au fond d'un coquillage.
– Ton domicile?
– Ici, partout, ailleurs.
– Travail?
– Pas plus que la rosée.
– Une espérance?
– Ardeur et doute.
– Un signe distinctif?
– Écrit un peu, efface davantage.
– Quel cimetière?
– Un vieux poème inachevé.

"Christian name?"
"Yours."
"Surname?"
"Void, surfeit, what you will."
"Your father?"
"A plane-tree, a pine, a big bird."
"Your mother?"
"A very safe place deep in a shell."
"Place of residence?"
"Here, everywhere, elsewhere."
"Employment?"
"No more than the dew."
"Ambition?"
"Intensity and doubt."
"Distinguishing marks?"
"Writes a little, rubs out a lot."
"Final resting-place?"
"An old unfinished poem."

Chaque matin tu mets à mort
tes certitudes de la veille,
et chaque après-midi
tu en inventes quelques-unes
qui ne sauraient durer.
Ô mammifère
troublé par la parole,
chaque matin tu t'improvises
une raison et t'y accroches
comme un pendu.

Every morning you kill off
yesterday's certainties,
and every afternoon
you invent a few more
which won't last either.
Poor mammal
perturbed by words,
every morning you improvise
a reason and cling to it
like a hanged man.

Plus tard,
livres pendus, paroles mortes,
tu construiras quelques palais de marbre blanc.
Plus tard,
raison noyée, mémoire nulle,
tu diras aux comètes
de poser sur ton seuil
leurs cornemuses.
Plus tard,
tes amis t'offriront un jardin
pour l'élevage des licornes.

Later,
your books strung up and your words dead,
you'll build some palaces in white marble.
Later,
your reason drowned and your memory a blank,
you will tell the comets
to lay their bagpipes
on your doorstep.
Later,
your friends will offer you a garden
to raise unicorns in.

Tu lui as dit : "Je voudrais vous aimer
dans une vie en dehors de la vie."
Elle t'a dit : "Aimez-moi, s'il vous plaît,
sans réfléchir, sans dire un mot."
Tu lui as dit : "Je voudrais vous aimer
comme on devrait mourir."
Elle t'a dit : "Aimez-moi, aimez-moi,
sans songer à la mort, sans songer à l'amour."
Tu lui as dit : "Aimez-moi mieux que vous,
mieux que moi : c'est divin, c'est si facile."
Tu lui as dit : "Je voudrais un amour
comme les amoureux n'en ont jamais connu."
Elle t'a dit : "Aimez-moi, je l'ordonne,
comme on respire et comme on tremble."

You said to her, "I'd love to love you
in a life outside life."
She said to you, "Love me, please,
without thinking, without saying a word."
You said to her, "I'd love to love you
as one would wish to die."
She said to you, "Love me, love me,
without thinking of death, without thinking of love."
You said to her, "I'd love to love you
in spite of you, in spite of myself."
She said to you, "Love me better than yourself,
better than me : it's heavenly, and so simple."
You said to her, "I'd love a love
such as lovers have never yet known."
She said to you, "Love me, I order you,
easy as breathing, easy as trembling."

Cela suffit, d'être l'oracle.
Travaille comme balayeur.
Cela suffit, de vénérer les verbes.
Construis un mur et sois utile.
Cela suffit, les poudres de l'azur.
Le pain, tu sais combien ça vaut?
Cela suffit, les prophéties.
Sache que deux et deux font moins de trois.
Cela suffit, le mage.
Prends le métro comme n'importe qui.
Cela suffit, le demi-dieu.
Fais traverser la rue à ce vieillard.
Cela suffit, le farceur aux poèmes.
On a tant de soucis avec la prose.

Come off it, playing the oracle.
Work as a roadsweeper.
Come off it, worshipping words.
Build a wall, make yourself useful.
Come off it, azure dust indeed!
Do you know how much bread costs?
Come off it, all your prophecies.
Two and two make less than three.
Come off it, wise guy.
Take the subway like anyone else.
Come off it, demi-god.
Help that old man across the road.
Come off it, joker with poems.
There are problems enough with prose.

GUARDIAN OF THE DEW

translated by Roger Little

from *Le Gardien des rosées*, Paris : Gallimard, 1990

POEME POÉSIE POETE POÉTIQUE

La poésie : une foi, mais si brève...

Le poète est un provocateur. À peine a-t-il convaincu les crédules, qu'il change d'avis.

Le poète trouve d'abord il cherche ensuite.

Le poème est une vérité future.

Le poème : ce nœud où réel et imaginaire sont soudain promus au rang d'un sacré... qui se suicide.

Une fois écrit, mon poème me dit : "Efface-toi." Il n'y a pas de place pour nous deux.

Le poète est bigame; tôt ou tard, il épouse aussi son rêve.

Dès l'instant où vous avez aimé mon poème, je sais qu'un autre auteur m'a remplacé.

Que fais-tu, en bleu de travail? – Je répare un sonnet.

Chaque matin, des poèmes par centaines s'inscrivent au chômage.

Poème : hasard et bibelot, que j'aimerais transformer en destin et diamant.

POEM POETRY POET POETICS

Poetry : so fleeting a faith...

The poet is provocative. Hardly has he convinced the credulous than he changes his mind.

First the poet finds : then he seeks.

The poem is a future truth.

The poem : this nexus where real and imaginary are suddenly promoted to the rank of the sacred... which then commits suicide.

Once written, my poem tells me to disappear. There isn't room for both of us.

The poet is bigamous; sooner or later, he also marries his dream.

From the moment you like my poem, I know that another author has taken my place.

What are you doing, in your working clothes? – Repairing a sonnet.

Each morning, hundreds of words join the dole queue.

A poem : chance and knick-knacks, that I'd like to transform into destiny and diamonds.

ÉCRIT ÉCRITURE ÉCRIVAIN ÉCRIVANT

Que vaut mon passé? Tout dépendra du chapitre que j'en tirerai.

Pour tout ce que j'écris, je prends un co-auteur: le vent d'Ouest, le sable blanc, le givre, la pelouse mal tondue, l'étoile endormie sur mon lit.

Je n'ai jamais réalisé cette ambition: assister à la naissance d'une voyelle.

En littérature comme ailleurs, comprendre est tuer.

Mon livre et moi, nous nous sommes déclaré la guerre: c'est plus sain comme cela.

L'écriture transforme le moustique en oiseau de feu.

À la fin sera le Verbe. Au recommencement, sans nous, sera le Verbe.

Dire trop et trop bien: mes deux épouvantails.

Soyez bons pour les mots: ils n'ont pas droit à la retraite.

"Je suis sincère": je dis cela en sachant que chaque mot est un mensonge.

J'écris avec ma chair: vaste blague! J'écris avec mon sang: mensonge! J'écris pour découvrir un jour la vérité: mélo! J'écris par besoin de mystère afin de devenir quelqu'un d'autre: bobard! J'écris pour ne pas être seul: n'en croyez rien! J'écris sur l'ordre implacable de Dieu: tu parles, moi qui suis athée! Si vous voulez savoir, j'écris par jeu. Et je triche.

WRITINGS WRITING WRITER WRITHING

What is my past worth? Everything depends on the chapter I make from it.

For everything I write, I have a co-author: west wind, white sand, frost, an ill-mown lawn, the star asleep on my bed.

I have never achieved my ambition of being present at the birth of a vowel.

In literature as in other things, understanding means killing.

My book and I have declared war on each other: it's healthier that way.

Writing transforms a mosquito into a firebird.

In the ending will be the Word. In the new beginning, without us, will be the Word.

Saying too much and too well : my two bêtes noires.

Be kind to words: they are never pensioned off.

"I am sincere": I say that, knowing each word is a lie.

I write with my flesh: balderdash! I write with my blood: liar! I write to discover truth one day: tear-jerker! I write out of the need for mystery so as to become someone else: don't believe a word of it! I write at God's implacable command: poppycock, I'm an atheist! If you really want to know, I write as a game. And I cheat.

Je trahis le cheval en l'appelant "cheval".

Je voudrais être l'écrit sans l'écrivain.

Que fait l'oiseau-mouche à devenir un mot? Que fait le mot à se vouloir oiseau-mouche?

Enfer des mots, pavé de bonnes inventions.

Pourquoi mes mots refusent-ils de vieillir avec moi?

Il faut vivre en rangeant les mots. Il faut mourir en dérangeant les mots.

I betray the horse by calling it a horse.

I'd like to be the writing without the writer.

What's the humming-bird up to, becoming a word? What's the word up to, becoming a humming-bird?

The hell of words is paved with good inventions.

Why do my words refuse to grow old with me?

Live aligning words. Die maligning words.

TRANSLATIONS
FROM ALAIN BOSQUET
BY
LAWRENCE DURRELL

L'ortie comprend son écriture.
La plaine écoute ses exploits.
Le coquillage éclate
pour livrer ses musiques.
Il sait que la maison vieillit comme une paume.
Il aurait l'âge
du doute qui est plomb.
Parmi les fleurs trop simples
il imagine
trois lionceaux jouant.
Une seconde vie
punirait la première.

Nettles can read his writing.
The plains ring with his exploits.
The seashell explodes
To deliver up his musics.
He knows that the house ages like a palm.
He must have reached the
Leaden age of doubt.
Among the too simple flowers
He visualises
Three lions cubs at play.
A second life
Would punish the first one.

Les guêpes vont piquer les cathédrales.
Il s'agenouille,
mais a-t-il des genoux?
Il éprouve le temps
comme une veine au poignet d'un malade.
L'herbe serait amie
s'il pouvait lui parler.
Il sait pourtant qu'un mot suffit
au naufrage du ciel.
Il s'est peuplé de faux miroirs.

The wasps will sting the cathedrals.
Down he kneels,
But has he any knees?
He experiences all time
Like a vein in a sick man's wrist.
Grass would be a friend
If he could only talk to it.
Anyway, one word is enough he knows
For the sky's shipwreck.
He has peopled himself with flawed mirrors.

Il invente un vertige.
Il marche en soi pour mieux se disperser.
Un poulain l'aime trop,
une jument ne pense rien de lui.
Combien faut-il de patines pour l'âme?
Des soleils se poursuivent,
comme des scarabées sur son épaule.
Une absence a changé d'écorce.
Il caresse une pierre,
y découvrant à tort quelques colombes.

He invents a vertigo.
He walks in himself for his own dispersal.
A colt is too much in love with him.
How many patinas for the heart?
Suns follow one upon another
Like scarab beetles on his shoulder.
An absence has changed barks.
He strokes a stone.
Mistakenly finding there doves.

Un lait de grande profondeur.
S'il avait eu un fils,
il lui aurait parlé des horizons
où les verbes rebelles
dévorent chaque jour quelques navires.
Comment paver la plage obéissante?
La lune enfin se déshabille.
En lui naissent tant de mesures!
Il suscite, il suscite :
c'est pour mieux maîtriser les ténèbres.

Milk to a very great depth.
If he had a son
He would speak of horizons
Or of rebellious verbs
Champing up each day a few liners.
How to pave the obedient beach?
The moon at last undresses.
So many measures are born in him!
If he invites, if he provokes,
It's to make the mastery of the shadows easier.

En ses poumons, il construit un théâtre.
L'aube n'est-elle pas sa comédie?
Pour se sentir vivant,
il se mettrait en dialogues.
C'est l'heure de farder les forêts vierges.
Une colline boude;
une lune se fâche.
Il sait que le bourgeon du cerisier
est son seul interprète.

In his lungs he builds a theatre.
The dawn – isn't it his whole comedy?
To feel a little bit alive
He would put himself into dialogues.
Time to ponder the virgin forests!
A hillside sulks;
A moon gets angry
He knows the cherry's bud
Is his only interpreter.

Il rend sa liberté au fleuve,
souhaite bonne chance
aux trois soleils qui travaillaient chez lui.
Même les îles qu'il aima devront déménager.
Ce soir il se choisit un nouveau dieu,
que l'azur entérine.
les pierres feront un effort.
Une tortue, pourtant, secouée par son asthme,
proteste.

He surrenders liberty to the tide,
Wishes the best of luck all round,
To the three suns which worked for him.
Even the islands he loved must move house.
Tonight he'll choose himself another god,
Approved by the blue.
The stones will make an effort.
But a tortoise shaken by asthma
Goes on protesting.

Deux fois par jour
l'étoile prend racine.
les plus belles pensées ne valent
qu'un demi-feu.
Sa maison est cruelle :
dès qu'il s'endort,
le toit descend jusqu'à sa bouche.
Comme une plante vénéneuse,
il assassine la justice en son jardin.
C'est au galop qu'il doit se traverser.

Twice a day
The star takes root.
The most beautiful thoughts are worth only
A half fire.
The house is cruel :
The very minute he's asleep
The roof comes down over his mouth
Like a poisonous plant.
He murders justice in his garden.
He must run across himself at full gallop.

Puisqu'elle est nue,
il épouse la brique.
Toute pénombre
est une sœur aimée.
Il a confiance en ce poisson,
et discute avec lui d'un alphabet nouveau.
Il se creuse un chemin
jusqu'au cœur, dirait-on,
de cette autre planète.
Des choses très mesquines,
des ceintures de cuir sans doute,
l'empêchent
de dominer les cyprès religieux.
Il trouve dans la rouille une folle chanson.

Because it is nude
He marries the brick.
Every penumbra
Is a beloved sister.
He's got confidence in this fish
And argues with him over a new alphabet.
He digs himself a road
Right to the very heart, you might say,
Of this other planet.
Things extremely wicked
Leather belts, no doubt,
Prevent him
From dominating the religious cypresses.
He finds in the rust a crazy song.

TRANSLATIONS
FROM ALAIN BOSQUET
BY
SAMUEL BECKETT

En moi, c'est la guerre civile.
Mon oranger n'aime pas mes genoux;
ma cascade se plaint de mon squelette;
je dois choisir entre mon cœur
et ma valise où ronfle une île poignardée,
mon manuel d'histoire
et ma tête remplie
de souvenirs pendus.
Verbe à muqueuses!
objet qui te voudrais humain!
En moi, c'est la guerre civile.

In me, civil war.
My orange tree my knees displease;
my cascade rails against my bones;
mine between my heart to choose
and a stabbed island stertorous
in my valise, between my history book
and head crammed with throttled memories.
Mucous membraned Word!
Thing that wouldst be human!
In me, civil war.

Achetez mes soupirs.
Prenez mes doutes.
Je vous donne un cornet de grimaces?
Quand j'aurai tout vendu,
j'irai renaître loin de moi,
entre une mangue fraîche,
un baiser très félin,
quelques objets sans nom.
Achetez mes espoirs.
Prenez mes certitudes.
Je vous donne un cornet de sourires?
Je suis le marchand des quatre raisons.

Fresh sighs for sale!
Prime doubts a penny!
Scowls going at a loss!
When I'm sold out I'll go
far from me and these among
be born again :
a mango warm from the bough,
a more than feline kiss,
a few objects without name.
Fresh hopes for sale!
Prime sooth a penny!
Smiles going at a loss!
Bargains, bargains, in and out of reason!

Couteau,
si par toi-même tu étais couteau,
je serais inutile
et périrais de n'avoir pas à te nommer.
Couteau,
tu ne serais pas un couteau
sans mes yeux qui te lèchent,
sans ma sueur qui te couvre de rouille.
Et moi,
sans ton métal,
sans la lune qu'il griffe,
je ne serais que feuille,
écume fatiguée,
nageoire sous la porte,
quart de nèfle mordue...
Tu te sais toi par nous;
je me sais moi par moi face à toi-même.
Couteau de chair, homme d'acier :
chacun de nous survit de s'incarner dans l'autre.
Tu m'as forcé de me comprendre :
je saigne!
Tu t'es forcé d'être compris,
mais tu te brises!
O coupable rencontre!
Il faut réinventer
le couteau, couteau pur,
l'homme, l'homme tout seul :
jamais ils ne se connaîtront.

Knife,
unaided were you knife,
then without purpose I and soon
to perish for no need of naming you.
Knife,
you were no knife
without my eyes to scour you,
my sweat to rust you over.
And I,
without your metal,
the moon it claws,
were but leaf,
foam that is weary,
a fin under a door,
a remnant of chewed medlar...
You through us know you as you,
I me as me through me before your face.
Knife of flesh, man of steel,
incarnate in each other each lives on.
me you constrained to understand myself:
I bleed!
You to be understood yourself constrained,
and break!
Oh culpable encounter!
Knife, pure knife,
must be invented anew,
and man, sole man:
two to each other never to be known.

Il ne peut vivre que brisé en cent morceaux
qu'il ramasse, recolle
et veut confondre.
Ce fragment-ci fut l'instinct du bonheur;
celui-là un amour presque vécu.
Un bout de cuir
est le déchet de son enfance.
Il craint l'identité,
pouliche offerte par le fleuve
aux poissons carnivores.

He can only live in shivers
he gathers up and pieces together
in fond disarray.
This bit was the bent for happiness,
that a love might once have been,
this scrap of hide
the remains of childhood.
he fears identity that foal
borne in offering by the stream
to the fishes of prey.

Pourquoi faut-il que les lundis
étranglent les dimanches;
et l'automne, l'été;
et l'heure adulte, l'heure la plus jeune?
Sous les jardins,
d'autres jardins ont expiré.
Derrière le soleil,
d'autres soleils succombent,
comme de vieux habits dans une armoire.
Il n'interroge plus :
il aime une musique.

Why must the day
undo its eve,
autumn summer,
grown years the years agrowing?
Gardens under these
have rotted.
Suns like cast-off
raiment perish
beyond this noontide.
He has no more questions.
There is a music he loves.

Maintenant qu'il a bu
jusqu'au fond du tonneau
l'imaginaire,
toute réalité lui est supplice
comme le rat crevant sous les bubons.
Il effleure le chêne :
déjà son catafalque!
Il s'adresse à l'étang :
est-ce pour y couler à pic?
Il ne lui reste rien que l'absolu,
ou le soir quelque mouche
dont il arrachera les ailes.

Now that he has drained
the cask of fancy dry
reality has him plagued
like a bubo-stricken rat.
No oak but turns
to coffin at his touch,
no waters scanned
but summon to their bed.
All he has left is the absolute
or the odd fly at evening
to tear from its wings.

ALAIN BOSQUET
A BRIEF BIO-BIBLIOGRAPHY

Alain Bosquet is the pseudonym of Anatoly Bisk, born at Odessa in 1919. With his parents, he settled in Brussels in 1925 and took Belgian nationality, being called up in 1940 on the day Belgium was invaded and subsequently assimilated into the French army. Moving to New York in late 1941, he became assistant editor of the Gaullist newspaper published there, *La Voix de France*, and frequented the literary and artistic circles of Americans and exiles from many countries. A prolific writer, his early poetry was translated by Louis Zukofsky and Denis Devlin (whose volume of *Translations into English*, published by The Dedalus Press in 1993, prints previously lost work). Joining the American army, he served in Northern Ireland before moving first to General Eisenhower's Supreme Allied Headquarters in London and then to Berlin. Since the 1950s he has devoted himself entirely to literature (supported by various lecturing posts in the United States at different times), responsible, as he notes wryly in a prefatory note to *Demain sans moi*, for two thousand pages of verse. To that one should add some sixteen novels, the best known of which, translated into eight languages, is *Une mère russe* (A Russian Mother), and a vast uncollected quantity of literary criticism published notably in *Combat*, *Le Figaro* and *Le Monde*. Collections or selections of his poetry have been translated into Albanian, Arabic, Bulgarian, Catalan, Chinese, Dutch, English, German, Greek, Hungarian, Italian, Macedonian, Norwegian, Portuguese, Romanian, Russian, Serbo-Croat, Slovenian, Spanish, Swedish and Turkish. Now a French citizen, he lives in Paris with his American wife.

Select Bibliography

A. Poetry, all published in Paris by Gallimard :

Premier testament, 1957; *Deuxième testament*, 1959; *Maître objet*, 1962; *Quatre testaments et autres poèmes*, 1967; *100 notes pour une solitude*, 1970; *Notes pour un amour*, 1972; *Notes pour un pluriel*, 1974; *Le livre du doute et de la grâce*, 1977; *Poèmes, un (1945-1967)*, 1979, Coll. Poésie, 1985; *Sonnets pour une fin de siècle*, 1980, Coll. Poésie, 1982; *Poèmes, deux (1970-1974, Les Notes)*, 1982; *Un jour après la vie*, 1984, Coll. Poésie (with *Maître objet*), 1988; *Le Tourment de Dieu*, 1987; *Bourreaux et acrobates*, 1989; *Demain sans moi*, 1994.

B. Novels, all published in Paris by Grasset. An asterisk indicates that the work has been reprinted in Livre de Poche :

Un besoin de malheur, 1963*; *Les Petites Éternités*, 1964; *La Confession mexicaine*, 1965*; *Les Tigres de papier*, 1968*; *L'Amour à deux têtes*, 1970; *Chicago oignon sauvage*, 1971; *Monsieur Vaudeville*, 1973; *L'Amour bourgeois*, 1974; *Les Bonnes Intentions*, 1975*; *Une mère russe*, 1978*; *Jean-Louis Trabard, médecin*, 1980; *L'Enfant que tu étais*, 1982*; *Ni guerre, ni pain*, 1983*; *Les Fêtes cruelles*, 1984*.

C. Other works:

La Grande Éclipse, Gallimard, 1952; *Walt Whitman*, Gallimard, 1959; *35 jeunes poètes américains*, Gallimard, 1960; *En compagnie de Marcel Arland*, Gallimard, 1973; *Un homme pour un autre*, Gallimard, 1985; *Lettres à mon père qui aurait eu cent ans*, Gallimard, 1987; *Comme un refus de la planète*, Gallimard, 1988; *Le Métier d'otage*, Gallimard, 1988; *Le Gardien des rosées*, Gallimard, 1990; *La Mémoire ou l'oubli*, Grasset, 1990*; *Un détenu à Auschwitz*, Gallimard, 1991; *La Fable et le fouet*, Gallimard, 1995.

Consult:

Charles Le Quintrec, *Alain Bosquet*, Coll. Poètes d'aujourd'hui, Paris: Seghers, 1964
Various, *Alain Bosquet*, Brussels: *Marginales*, n° 125, 1969
Various, *Alain Bosquet*, Coll. Identités, Paris: Belfond, 1979
Various, *Alain Bosquet*, Marseilles: *Sud*, n° 53-54, 1984
Various, *Alain Bosquet et les lettres belges*, Spa: La Louve, *Les Cahiers du désert*, 1989